Soundiata
l'enfant-lion

Note de l'auteur :
cette adaptation du *Soundiata*
s'inspire principalement des récits
de Wa Kamissoko, Djibril Tamsir Niane,
Sory Camara et Jan Jansen.

Un dossier pédagogique consacré à ce livre se trouve
sur le site Casterman à la rubrique « enseignants » :
http://jeunesse.casterman.com/enseignants.cfm

casterman
87, quai Panhard-et-Levassor
75647 Paris cedex 13

www.casterman.com

ISBN : 978-2-203-03323-8

Conception graphique : Anne-Catherine Boudet

Achevé d'imprimer en janvier 2010, en Espagne. Dépôt légal : mars 2010 ; D. 2010/0053/281

Déposé au ministère de la Justice, Paris
(loi n° 49.956 du 16 juillet 1949 sur les publications destinées à la jeunesse).

Lilyan Kesteloot

SOUNDIATA
L'ENFANT-LION

Illustré par Joëlle Jolivet

casterman
POCHE

LA GÉNÉALOGIE DE SOUNDIATA

NARÉ FA MAGAN KONATÉ
roi du Niani

SASSOUMA BÉRÉTÉ — NARÉ FA MAGAN KONATÉ — SOGOLON KONDÉ

DANKARAN TOUMANI
NANA TRIBAN
...

SOUNDIATA
KOLONKAN
MANDÉ BORI
...

épouse SOUMAHORO KANTÉ
roi du Sosso

POUR ENTRER DANS LE MONDE DE SOUNDIATA

Je chante, j'appelle ici Soundiata
le fils de Sogolon, la femme-buffle
le fils des Konaté-Keïta de la lignée des lions.
J'appelle le fondateur de l'empire du Mali.
Je chante celui qui a réuni dix royaumes
depuis le fond du Soudan jusqu'à l'océan
peuplés de gens parlant dix langues
qui n'arrêtaient pas de se faire la guerre.
J'évoque l'histoire du valeureux guerrier
qui sut combattre, vaincre, puis pacifier
le plus vaste empire de l'Afrique.

Ainsi chantent les griots manding[1] encore aujourd'hui dans tous les villages de l'Afrique de l'Ouest. C'est bien une vieille histoire ; et pourtant ces musiciens la chantent de mémoire,

1. Le Manding est la région habitée par les Mandinka ou Ma-linké ; Niani et le pays de Do en font partie, ainsi que d'autres chefferies (*voir la carte de la page 103*).

en s'accompagnant d'une espèce de petite guitare appelée « ngoni » ou « khalam ». Ils ne savent pas lire, mais ils ont une excellente mémoire, et ils retiennent tout : les noms des rois, leur généalogie[2], les guerres et les héros, les lieux où ils combattirent, les villes conquises, les butins et les partages ; et puis aussi les fêtes, les mariages, les deuils et les héritages. Toute la vie dans ces temps anciens. Les griots sont des livres vivants. On les écoute dans les cérémonies, sur les places, à la radio et à la télévision. On les appelle « Maîtres de la parole ».

Ce récit est écrit à leur manière ; avec leurs chants, leurs éloges, leur façon de mêler le présent et le passé, de faire des digressions, d'interpeller l'auditoire... bref, tout ce qui fait que l'épopée orale est vivante et se perpétue en Afrique.

2. *Généalogie* : la liste des descendants comme des ascendants.

I

Naré Fa Magan veut une nouvelle femme

Vers les années 1200, l'Afrique de l'Ouest comptait déjà de nombreux petits royaumes, avec des gens qui cultivaient la terre et élevaient de grands troupeaux ; ils vendaient de l'or, des pagnes tissés et des esclaves ; ils achetaient du sel, du sucre, des perles ; ils savaient forger le fer et fabriquaient des houes et des armes. Car ils se faisaient souvent la guerre. À pied ou à cheval.

Dans cette savane immense, il n'y a guère de hautes montagnes ni de forêts. Rien que des herbes sauvages, des buissons, des arbres espacés, et parfois de douces collines entrecoupées de ruisseaux et de rivières. Les caravanes des marchands y voyagent sans peine vers l'Arabie ou le Maroc. Les bandits et les soldats la traversent à cheval. Il n'y a pas de routes mais des pistes ; pas de char ni de charrettes, mais des ânes et des bœufs pour porter les colis, et des chevaux pour se déplacer vite, vite, attaquer, razzier[3], fuir…

Dans cette région, il y avait un tout petit royaume manding qu'on appelait Niani. Son roi s'appelait Naré Fa Magan Konaté. Il n'était pas très puissant ni très riche, mais venait d'une valeureuse lignée de Maîtres-Chasseurs.

Il était marié à une belle femme qui lui avait donné un fils héritier et une fille. Mais il songeait à se chercher une seconde épouse, car c'était la coutume dans ce pays d'avoir plusieurs femmes.

---

3. *Razzier* : c'est la manière dont les bandits vont voler dans les villages ; ils arrivent à cheval, tombent par surprise sur les paysans, les dépouillent de leurs biens, emmènent femmes et enfants, pour les vendre.

Un chasseur de passage lui jeta les cauris[4] et lui fit une prédiction :

– Il te faut une femme laide et boiteuse, mais ce sera une femme-pour-homme-mûr, elle te donnera un fils marqué de l'étoile de la chance.

Le roi est bien ennuyé ! Où trouver ce laideron ? Et comment expliquer ce choix d'épouser un laideron ?

Entre-temps un roi voisin avait de gros problèmes. Ses provinces de Do et de Kri vivaient dans la terreur : un buffle dévastait les villages et tuait douze hommes par jour. Car ce buffle était un génie. C'était la propre sœur du roi de Do, elle se nommait Dokamiso et se vengeait de son frère qui lui avait volé son héritage. Donc le roi de Do était bien ennuyé.

Il fit annoncer dans le pays que celui qui le débarrasserait de ce terrible buffle recevrait cent

---

4. *Cauris* : coquillages que l'on jette sur le sol et dont la position permet de lire le destin. Ils servent aussi de monnaie.

de toutes choses : cent bœufs, cent moutons, cent pièces d'or, cent garçons, cent filles…

Le petit roi de Niani apprit la nouvelle et appela ses plus valeureux chasseurs ; c'étaient les deux frères Traoré, Damasa Wuladi et Damasa Wulaba. Il leur dit :

– Voilà, je vous envoie au pays de Do et Kri. Tous les chasseurs ont échoué à maîtriser ce buffle dont tout le monde parle. À votre tour ; si vous réussissez et qu'on vous offre des cadeaux royaux, ramenez-moi la fille la plus laide que vous verrez, et boiteuse en plus. N'oubliez pas !

« Il en a des idées bizarres, notre roi ! » se dirent les deux frères en allant prendre leurs arcs, leurs flèches, leurs couteaux, leurs gris-gris de chasse, leurs sacs de cuir qu'ils mirent en bandoulière par-dessus leurs courtes tuniques de coton brun cousu de petits miroirs, de cornes et de dents magiques, ces habits que seuls portent les chasseurs. Pourquoi ces petits miroirs, ces cornes et ces dents ? pour rattraper l'âme des pintades et des pangolins, des antilopes et des phacochères ; après quoi ils se laissent tuer plus facilement.

Mais cette fois c'était du gros gibier ; déjà un buffle ordinaire est dangereux, il fonce sur vous et vous embroche ou vous piétine. Alors que la plupart des animaux fuient le chasseur. En plus celui-là était un génie-buffle. Quelle affaire ! Les deux frères s'en allèrent consulter leur devin. Après avoir jeté les cauris sur le sable, il leur dit :

– C'est difficile mais pas impossible. Écoutez mes conseils : ce buffle terrible est une femme. Il se montre aussi sous les traits d'une vieille grincheuse. Premier conseil : soyez gentils avec elle. Soyez prévenants, serviables, affectueux ; c'est une femme : séduisez-la. Deuxième conseil : emportez du tabac et du sel.

Les deux chasseurs partirent donc avec une botte de tabac et quelques morceaux de gros sel.

Arrivés au pays de Do et Kri, les chasseurs de Niani pénétrèrent dans une brousse touffue qui pouvait cacher tous les fauves.

Et soudain ils se trouvèrent nez à nez avec une vieille couverte de haillons et qui portait un lourd fagot de bois sur sa tête.

Les deux frères s'arrêtèrent net :

– Salut grand-mère, laissez-nous porter ce fagot.

– Passez votre chemin, je ne vous ai rien demandé, grogna-t-elle.

– Comme vous voulez, grand-mère, on repassera vous voir…

– Certainement pas ! dit-elle en leur tournant le dos.

Ils la regardèrent s'éloigner et retinrent la direction.

Un peu plus tard, ils virent une mince fumée s'élever au-dessus des bosquets. Ainsi ils avaient localisé la demeure du génie-buffle.

Masa Wuladi et Masa Wulaba rejoignirent alors le village de Do et demandèrent au roi l'hospitalité. On les reçut avec joie et crainte. Encore des chasseurs qui allaient se faire exterminer !

Mais ils prenaient leur temps. Chaque jour on leur apportait un bon repas de viande et de mil. Ils gardaient la viande, et allaient ensuite la porter en brousse jusqu'à la case de la vieille.

Ils lui apportaient aussi des noix de kola que les vieux aiment croquer. Et puis du tabac. Et ils allumaient une pipe et la lui offraient. La vieille fumait avec délices.

Un jour Masa Wuladi tua une antilope. Il la dépeça, puis mit tous les morceaux dans la peau et dit à son frère :

– Va chez la vieille, offre-lui notre chasse, et n'oublie pas le sel[5] pour qu'elle puisse l'assaisonner.

Masa Wulaba prit l'antilope et s'en fut l'offrir à la vieille.

– Ah, s'écria-t-elle, c'est trop ! Pourquoi m'honorez-vous comme cela ?

---

5. Au XIIIe siècle, dans ces régions éloignées de la mer, le sel est aussi précieux que l'or.

– Mais n'est-il pas normal que les petits-fils gâtent un peu leur grand-mère ?

– Va chercher ton frère, répondit-elle simplement.

Lorsque les deux chasseurs furent devant elle, la vieille femme leur parla :

– Je sais qu'on vous a envoyés contre moi, et vous savez que je suis Dokamisa le génie-buffle ; mais vous m'avez traitée comme votre aïeule et non comme un monstre. Je suis touchée par vos soins. Vous méritez donc la gloire que vous êtes venus chercher.

– Mais grand-mère, s'écrièrent les chasseurs…

– Taisez-vous et écoutez-moi bien :

Les balles ne me tuent pas,
le sabre ne me tue pas,
la lance ne me tue pas.
Mais voici mon fuseau avec lequel
je file le coton.
Voici un arc.

Demain allez à la mare où le buffle s'abreuve et tirez-moi dessus avec cet arc et ce fuseau.

– Mais grand-mère, cela vous tuera ! dirent encore les chasseurs.

– Non, cela tuera le buffle. Moi je suis un génie qu'on ne saurait tuer. Adieu mes enfants.

Les deux frères se regardèrent. Ça marchait ! Le lendemain donc, ils firent comme prévu ; Masa Wuladi tira sur le buffle dès qu'il l'aperçut. La flèche-fuseau l'atteignit en plein cœur. La bête s'écroula.

Ils prirent sa queue en trophée et vinrent la rendre au roi de Do et Kri. Félicitations ! Applaudissements ! Réjouissances dans tout le petit royaume !

Vint le moment de la récompense. On voulut leur offrir cent de toutes choses, mais les chasseurs refusèrent.

On voulut leur offrir alors cent jeunes filles. Mais ils n'en acceptèrent que quatre : une pour chacun d'eux, une pour leur devin qui les avait si bien conseillés...

Et la quatrième, pour qui ? Et c'était qui ? C'était la plus jeune des quatre, mais laide, boiteuse, contrefaite et même, oui, n'était-elle pas un peu bossue ? Comme cela, ils étaient sûrs qu'elle conviendrait à leur roi de Niani. Une « femme-pour-homme-mûr » comme avait dit Naré Fa Magan Konaté. Il en avait de drôles de goûts celui-là ! Mais enfin c'était le roi. Il savait ce qu'il faisait.

Or cette petite laide était Sogolon, la propre sœur de Dokamisa, et donc aussi la sœur du roi Domoko Kondé qui fut bien content de s'en débarrasser. Il avait perdu une sœur-génie et gagnait une alliance avec un roi du Manding. En plus, le terrible buffle ne l'inquiéterait plus. Car il était mort. Tout était donc pour le mieux.

2

Soundiata le contrefait

Cependant les génies ne meurent pas et l'esprit du buffle était passé dans la petite sœur Sogolon Kondé qui vint au Niani avec les frères Traoré.

Le roi Naré Fa Magan les accueillit fort bien, récompensa à son tour ses valeureux chasseurs, et considéra sa future femme avec perplexité.

« Heureusement que ma première femme est jolie ! se dit-il en lui-même. Celle-ci... bon ! Puisque les oracles m'ont conseillé de l'épouser, je l'épouse. Pourvu qu'ils aient dit vrai ! »

Donc mariage, musique, danses, réjouissances à Dakadialan le village-capitale.

Mais quand la nuit tomba et que le couple royal se retira dans la chambre nuptiale, la maigre Sogolon se transforma en buffle soufflant du feu par les naseaux ! Son époux sauta du lit pour se cacher derrière la porte.

Un jour, deux jours, toute la semaine ainsi se passa.

Naré Fa Magan consultait ses marabouts en vain. Le peuple murmurait, car il était d'usage que le lendemain des noces on montrât à la famille et au peuple le pagne de la mariée rougi par son sang de vierge.

Si on ne le montre pas, c'est que l'accouplement n'a pas eu lieu…

Alors le roi eut une idée. La septième nuit, lorsque Sogolon se coucha, il saisit soudain son sabre et attrapa sa femme par ses petites tresses :

– Sogolon, s'écria-t-il, mes ancêtres me sont apparus en rêve, et ils m'ordonnent de te sacrifier pour le bonheur du royaume !

La jeune fille eut si peur qu'elle s'évanouit. Elle n'avait pas eu le temps de se transformer en buffle. Le roi put enfin accomplir son devoir conjugal.

Le lendemain, on exhiba le petit pagne taché de sang.

Les tam-tams battirent longtemps dans les villages du Niani. Tout le monde vint féliciter le roi, et un mois plus tard on annonça que la reine boiteuse était enceinte.

Sogolon porta sa grossesse pendant longtemps. Certains racontent même qu'elle fut enceinte pendant dix-sept ans, mais c'est sûrement exagéré. D'autres disent que son bébé sortait de son ventre pour aller chercher du bois, ou pour se promener, puis retournait dormir dans son ventre, et refusait de naître normalement.

Ce qui est sûr, c'est que lorsqu'il se décida à sortir pour de bon, le ciel s'obscurcit en plein jour, le tonnerre gronda, les éclairs fulgurèrent et la pluie inonda la savane en pleine saison sèche. Les devins annoncèrent la naissance du roi du monde !

Les griots se mirent à chanter les éloges de Naré Fa Magan, heureux père de ce futur grand roi…

On fit les cérémonies de baptême, on rasa la tête du bébé et on lui donna un nom chanceux : Diata qui veut dire « lion », « roi de la savane », auquel on ajouta le nom de sa mère : Sogolon Diata, qu'on raccourcit plus tard en Soundiata.

Tout le village-capitale du Niani fut invité ce jour-là : on distribua des paniers de mil et de riz ; on égorgea vingt bœufs, on distribua la viande grillée à tous les habitants, on but des calebasses de bière de mil et de vin de palme. Une belle fête au son des balafons[6], des guitares, des petits tam-tams et l'on dansa jusqu'au matin.

Mais cette immense joie fut de courte durée.

---

6. *Balafons* : ce sont de grands xylophones posés par terre.

Au bout de quelques mois on s'aperçut que le bel enfant de Sogolon ne tenait pas sur ses jambes. Un an, deux ans, trois ans, il ne marchait toujours pas.

Cette paralysie dura jusqu'à sept ans, certains disent dix-sept ans.

Le roi s'était petit à petit détourné de sa femme et songeait que les devins s'étaient trompés comme cela arrive parfois.

Mais quelqu'un se réjouissait dans son cœur de cette situation : c'était la première épouse de Naré Fa Magan, la reine Sassouma Bérété. Elle était belle et fière, et son fils Dankaran Toumani était grand et fort. Il était l'héritier légitime puisqu'il était l'aîné.

Quand les devins avaient prédit le destin royal du fils de la bossue, Sassouma avait été prise de panique.

En secret, elle avait payé les sorciers pour envoûter sa coépouse et éliminer son enfant de malheur.

C'est pour cela que Soundiata restait cloué au

sol par ses membres perclus, malgré son corps vigoureux et la force de ses bras, sur lesquels il se traînait dans la concession[7] maternelle.

Entre coépouses, on ne se fait pas de cadeaux. La jalousie est de règle. Sassouma ne se privait donc pas de réflexions méprisantes sur « l'enfant-lion infirme », ni de moqueries envers sa mère, « la boiteuse ».

Reléguée dans une vieille case, loin de la chambre royale, Sogolon assistait aux succès du fils de Sassouma : il rayonnait de santé et de charme ; il chassait les oiseaux et les lézards ; il fut initié au Tieblen et au Ndomo[8] et subit la circoncision sans un cri ; déjà les filles commençaient à lui faire les yeux doux, il se choisit une petite amie, et passait souvent la nuit

---

7. *Concession* : dans cette société, chez les familles riches, chaque femme habite sa maison entourée d'une petite clôture, à l'intérieur de la propriété du père de famille. Ici, Sogolon, en disgrâce, a été reléguée dans une concession séparée, aux limites de la propriété du roi.
8. Ce sont des groupes où les jeunes sont instruits, avant leur circoncision.

avec elle dans la case des jeunes, comme c'était l'usage[9]. Évidemment, le pauvre Soundiata fut exclu de ces jeux et de ces plaisirs. Les jeunes le raillaient, mais de loin ; il n'avait d'autres amis que sa sœur Kolonkan et son jeune frère Mandé Bori qui grandissaient normalement, mais qui, eux aussi, souffraient de la défaveur du roi.

Un jour, Sogolon manqua de feuilles pour préparer sa sauce. Le repas quotidien se composait de pâte de mil et de sauce aux feuilles de baobab pilées[10]. On y ajoutait un peu de poisson fumé et du soumbala[11] pour donner du goût. On ne mangeait de viande que les jours de fête, ou encore quand les chasseurs ramenaient du gibier.

Donc Sogolon, qui était un peu malade ce jour-là, s'aperçut qu'elle n'avait plus de feuilles.

---

9. Mais il fallait rester sage, « maîtriser sa ceinture », et gare à lui s'il n'amenait pas son amie bel et bien vierge au mariage ! Au mariage avec un autre, choisi par les parents. Eh oui ! C'est triste mais c'était comme ça dans les villages manding. Dankaran devait rester « gardien » de son amie, même s'il était fils de roi.
10. Cela donne une sorte d'épinard, excellent contre la constipation.
11. *Soumbala* : sorte de sauce vendue en boules sur les marchés.

Justement, sa rivale Sassouma passait devant sa case et pour une fois la salua avec un aimable sourire. Sogolon lui dit :

– Peux-tu me prêter un peu de feuilles de baobab pour ma sauce, je te rendrai cela dès que j'irai mieux ?

– Demande donc à ton fils d'aller te les chercher, tout comme moi je le demande au mien !

Et elle partit en éclatant de rire.

Sogolon se sentit blessée jusqu'aux os. Soundiata était assis non loin d'elle. Il avait tout entendu. Sa mère se mit à pleurer de rage et d'humiliation.

– Mère, pourquoi pleures-tu ?

– Tu sais très bien pourquoi, tu as des oreilles si tu n'as pas de jambes !

– Mère, que désires-tu ?

– Je veux que tu m'aides comme les autres, que tu marches comme les autres, que tu m'apportes des feuilles comme les autres…

– Mère, veux-tu seulement les feuilles ou le baobab tout entier ?

– Le baobab tout entier, je veux le baobab[12] tout entier ! sanglota Sogolon tout en songeant que son fils était fou ou se moquait d'elle.

– Mère, va me chercher le forgeron de mon père.

Sogolon s'arrêta de pleurer. Noun-Faïri était le forgeron-devin du royaume : n'était-ce pas ce Noun-Faïri qui avait fait toutes ces prédictions délirantes sur le destin de l'enfant-lion ?...

Elle appela le griot du roi, Balla Fasséké.

– Cours chercher Noun-Faïri, dis-lui que Soundiata le convoque.

– Le... Soun... j'y cours, dit le griot.

Balla rencontra Noun-Faïri en chemin.

– Est-ce que le temps est venu ? dit Balla.

– Le temps est venu, répondit le forgeron.

– Est-ce que la graine du baobab a germé ? dit Balla.

– La graine a bien germé, répondit le forgeron.

---

12. *Baobab* : arbre de la savane dont le tronc est énorme.

3

L'EXIL DE L'ENFANT-LION

Le forgeron et le griot arrivèrent ensemble chez Sogolon. Soundiata les regarda.

– Que veux-tu, maître ? dit le forgeron.

– Forge-moi une barre de fer, la plus dure que tu aies jamais forgée, commanda Soundiata.

– Tout de suite, maître, dit Noun-Faïri.

Il tourna le dos et partit.

Le griot pensif et attentif resta, s'assit et prit sa guitare.

Noun-Faïri arrivé dans sa forge saisit dans un coin une énorme barre de fer. Elle attendait là depuis dix-sept ans. Il la souleva avec peine et la traîna jusqu'aux pieds de Soundiata.

– Alors ? demanda le forgeron.

Alors Balla Fasséké se leva et se mit à crier :

Lève-toi, Soundiata !
Voici le jour du lion
Montre que tu es fils du buffle
Lave l'injure crachée sur ta mère !
Les eaux du fleuve lavent les souillures
elles ne peuvent laver un affront
Rugis donc, fils de Sogolon,
Lève-toi !

Soundiata saisit la barre de fer. Il la dressa, il l'enfonça en terre. Il s'appuya dessus, l'attrapa par le sommet. Dans un immense effort il se hissa d'un coup sur ses jambes, han ! Soundiata fut debout sur ses pieds qui n'avaient jamais marché. Mais la grande barre s'était courbée, tel un arc de chasseur.

Le griot se mit à hurler :

Prends ton arc, chasseur !
Prends ton arc, Diata, fils du buffle.

Alors devant le village accouru, le fils de la boiteuse avança pas à pas, tenant son arc de fer, défiant la foule. Et le griot le suivait en frappant sur son tambour d'aisselle[13] :

Il a marché !
Soundiata a marché
Le fils du buffle a marché !
Il marche vers son destin
La chèvre s'abrite derrière la palissade
La palissade ne s'abrite pas derrière la chèvre !
Le berger ne se cache pas derrière le troupeau
Qui a jamais vu une chèvre mordre un chien ?
Marche, Diata, marche vers ton destin.

Soundiata se dirigeait à présent vers l'entrée de Dakadialan, le village-capitale. Il s'arrêta

---

13. Petit tambour qu'on tient sous le bras.

devant un baobab bien feuillu. Sur ses larges branches, des garçons à califourchon cueillaient des feuilles pour le repas du soir.

Soundiata lâcha sa canne de fer, encercla l'arbre de ses deux bras, et l'arracha dans un concert de hurlements.

Les garçons tombaient par terre comme des noix et se cassaient qui le bras, qui le crâne.

Soundiata fit demi-tour et revint vers sa case. Il jeta l'arbre devant sa mère muette de frayeur.

– Voici tes feuilles, mère, sers-toi. Désormais ce sont les autres qui viendront t'en emprunter.

Alors Balla Fasséké le griot se déchaîna :

Quand mon chasseur s'en va chasser
il casse les têtes, il casse les bras
il déracine les arbres !
Nul ne résiste à Diata le lion.
Le berger ne se cache pas derrière le troupeau
Qui a jamais vu une chèvre mordre un chien ?
Sogolon Diata Konaté
Tu t'appelleras Keïta, capteur d'héritage !

Et le roi Naré Fa Magan, qu'en pensait-il ?

Le roi fut bien content, dit-on. Mais il se faisait vieux et n'avait plus grande énergie. Et sous l'influence de Sassouma, son épouse préférée, il appela un jour son fils cadet :

– Soundiata, tu es un bon fils, mais je pense qu'il vaut mieux que tu t'éloignes d'ici. Sassouma est sans cesse chez les sorcières. Tu vois comme les gens te craignent. Tu vois comme la reine complote et te dénigre. Mon fils aîné qui régnera après moi préfère aussi voir ton dos. Si tu as un destin royal il te rejoindra n'importe où ! Pars donc, ton destin te suivra. Mais ici je veux la paix, rien que la paix.

Alors commença l'exil de l'enfant-lion. Il ne voulut pas laisser derrière lui sa mère, sa petite sœur et son frère Mandé Bori. Il les savait en danger. On ne pouvait plus compter sur son père pour les protéger. C'est la reine qui avait désormais le pouvoir.

Ils partirent à pied le soir même. Ils marchèrent vers Krina, qui était à deux jours de là. Dans ce village régnait alors le chef Massa Konkon qui les accueillit fort bien. N'était-ce pas la famille de son voisin ?

Mais au bout de quelques jours un messager arriva du Niani. Il offrait de l'or pour que l'on supprime Soundiata, au prétexte d'une épreuve rituelle.

Massa Konkon comprit que ses hôtes étaient en défaveur. Il valait mieux pour lui comme pour eux qu'ils aillent plus loin.

Il dit au messager :

– L'hospitalité a précédé l'or et le message, je ne puis donc plus accéder à ta demande puisque c'est mon hôte.

À cette lointaine époque, l'hôte était sacré dans le Manding. Aussi alla-t-il trouver Soundiata :

– Ne restez pas ici. Vous n'êtes pas en sûreté. Poursuivez votre chemin. Allez chez Soma Djobi. Voici deux serviteurs qui vous accompagneront.

Soma Djobi était le chef du village de Kourouba et aussi grand prêtre d'initiation.

Il accueillit les voyageurs.

Mais durant la nuit le messager du Niani se présenta pour lui proposer l'or et la trahison. Soma Djobi répondit :

– L'hospitalité a précédé l'or et le message. Je ne puis le trahir puisque c'est mon hôte.

Soma Djobi avertit donc ses hôtes :

– Il faut partir plus loin ! On vous pourchasse. Et moi, je ne veux pas d'ennuis.

Il leur donna des gris-gris protecteurs, de la viande séchée, des boulettes de mil et du dolo[14] pour la route. Il les confia à une caravane partant vers le nord.

Soundiata et les siens, après plusieurs semaines de marche, arrivèrent au royaume du Wagadou. Le Manding était loin derrière eux, désormais.

Le Wagadou avait été un immense empire plusieurs siècles auparavant[15]. Mais, depuis, un tas

14. *Dolo* : bière de mil, obtenue en faisant bouillir le grain, puis fermenter le jus.

15. Le Wagadou a été à son apogée entre 800 et 900 après J.-C.

de calamités s'étaient abattues sur ce pays jadis arrosé par des pluies d'or, lorsque chaque année on sacrifiait la plus belle princesse au Dieu-Serpent. C'était là le prix de l'alliance entre les rois soninké et le Dieu-Serpent.

Celui-ci résidait dans un bois sacré où il y avait un puits toujours plein d'eau.

Mais des prêtres musulmans étaient venus s'installer, avec les caravanes qui descendaient du Maroc et d'Égypte. Ces caravanes apportaient des beaux tissus, des épices, des dattes, des bijoux, des faïences colorées, du sel, des chevaux. Tout cela était vendu sur les marchés de Koumbi, la capitale du Wagadou. Et on achetait pour les revendre en Afrique du Nord des esclaves, des pagnes teints à l'indigo, et surtout de l'or. Car Wagadou était le pays de l'or. Tous les habitants allaient en ramasser.

Donc des marabouts musulmans arrivèrent avec ces marchands. On leur permit de construire une mosquée, puis deux, puis trois. Ils prêchèrent la religion de Mahomet où le sacrifice humain était remplacé par celui du mouton. Comme chez les Juifs avec Abraham.

Plusieurs princes et le roi lui-même se convertirent. Un jour, un prince dont on devait sacrifier la fiancée au Dieu-Serpent se révolta. Il prit son sabre et osa couper la tête du grand Dieu-Serpent. Le châtiment fut terrible. La pluie d'or annuelle s'arrêta net. Pire : toutes les pluies d'eau aussi s'arrêtèrent. Les rivières s'asséchèrent puis le sable du désert gagna les forêts et les champs de mil, les potagers de légumes, les magasins et les maisons. Koumbi fut abandonnée. Les Soninké descendirent vers le Sud, à la recherche de l'eau. Ils fondèrent deux nouvelles capitales, Néma et Walata.

Quand Soundiata arriva à Néma, c'était Faran Tounkara Cissé qui en était le roi.

Le roi Faran Tounkara Cissé était beaucoup plus important que Naré Fa Magan, le père de Soundiata. Néma était une vraie ville, avec des marchands, des mosquées, de grandes demeures en briques de terre séchées, avec des toits en terrasses, comme en Arabie.

Le roi Cissé avait aussi une vraie armée. Il n'avait rien à craindre du petit roi du Niani.

La caravane, avec Soundiata et sa famille, n'était pas différente des autres caravanes. Et elle passa inaperçue.

Soundiata se présenta tout de même au roi Cissé et lui demanda l'asile.

Le roi regarda ce jeune homme étranger qui était venu à pied, de si loin, avec sa famille. Il se dit que ce garçon vigoureux ferait un bon soldat. D'ailleurs c'était un fils de chef ; même en exil, il pouvait être utile un jour.

Il l'intégra dans son armée, et leur désigna une concession pour construire leur demeure.

Le chasseur Soundiata et son frère apprirent le métier des armes. Leur mère et les serviteurs cultivèrent un champ et des légumes et sa sœur allait vendre au marché aubergines, gombos, ainsi que le soumbala, toutes choses qu'on ne produisait pas encore chez les Soninké. Ils demeurèrent tranquillement à Néma pendant dix-sept ans.

4

Soumahoro

Entre-temps que se passait-il au Manding ? Le vieux roi Naré Fa Magan Konaté était mort. Son fils Dankaran Toumani lui avait succédé et Sassouma devint la reine mère, plus respectée encore que la reine épouse qu'elle avait été naguère.

Sa fille Nana Triban fut donnée en mariage au très puissant Soumahoro Kanté, roi du Sosso voisin. Elle fut accompagnée par le griot du roi défunt, Balla Fasséké Kouyaté.

Or, ce Soumahoro avait des ambitions.

Un jour, il se prit à réfléchir à tous ces petits chefs manding. Aucun n'était aussi fort que lui. N'était-il pas le seul roi forgeron ? Son pays produisait du fer en abondance et ses forges fabriquaient les plus belles armes et les meilleurs outils du Soudan[16]. Ses villes de Koulikoro et de Sosso étaient beaucoup plus riches que les chefferies de rois chasseurs ou paysans.

Soumahoro se dit que s'il voulait, il pourrait bien unifier cette poussière de chefferies sous une même autorité, la sienne. Mais tous ces petits chefs étaient aussi ses alliés. Comment trouver un prétexte ?

Or le pays tout entier avait un réel et grave problème : la chasse aux esclaves ! Ou plus exactement la capture des hommes libres pour les vendre aux marchands des caravanes qui repartaient vers l'Afrique du Nord.

En effet les Manding sont des gens physique-

---

16. Il ne s'agit pas ici de l'État actuel du Soudan, mais de la zone géographique située entre le désert et la forêt dense. Le Mali portait d'ailleurs le nom de « Soudan français » au temps de la colonisation.

ment bien bâtis, bien musclés, résistants et durs à l'ouvrage. Exactement le gibier qui plaisait aux chasseurs d'esclaves. Durant les beaux jours du royaume de Wagadou, le pays manding était déjà une réserve où les princes et les guerriers soninké se fournissaient en main-d'œuvre servile.

Au XIIIe siècle, les caravanes arabes descendent plus bas vers le sud et viennent se servir en esclaves au cœur du Manding.

Alors des chefs et des nobles locaux se mirent à pourchasser leurs voisins pour les vendre aux caravaniers. Des fils ou des neveux tendirent des pièges à leur frère ou leur oncle pour s'en débarrasser, ou pour prendre leur héritage. Comme il n'y avait ni pouvoir central ni police, mais des chefferies dispersées et indépendantes, tout cela se faisait impunément.

Soumahoro Kanté vint trouver les petits chefs manding et leur dit :

– Chers voisins, voyez comme nos familles et

nos villages se désorganisent, comme les routes sont devenues dangereuses pour les voyageurs, et même les petits chemins qui vont vers les bois et les champs sont aujourd'hui des chemins de trahison ! Pour mettre fin à tout cela, arrêtons ce commerce honteux et confions le maintien de l'ordre à mes soldats-forgerons.

Les chefs manding se consultèrent puis lui répondirent :

– Soumahoro, tu es bien généreux. Mais tu oublies qu'il y a quatre sortes de « petits-hommes » dans le Manding : le petit griot, le petit cordonnier, le petit pêcheur et le petit forgeron. Jamais ces gens-là ne peuvent nous commander, nous les nobles. Tu as beau être chef de tes forgerons, tu n'es qu'un petit forgeron toi aussi, Soumahoro !

Le roi du Sosso se retira, vexé jusqu'à la moelle. Le temps de préparer son armée et il entreprit la conquête du Manding. Les petits royaumes tombèrent l'un après l'autre. Et l'un des premiers fut celui du Niani. Le roi Dankaran

Toumani avait pourtant donné sa sœur en mariage à Soumahoro, le roi-forgeron. Cela n'empêcha pas Soumahoro d'envahir le royaume de son beau-frère. Il annexa de même les voisins : le royaume de Sibi, celui de Ferenifo, celui de Tabon, celui de Kolen, celui de Kourouba, celui de Do et Kri ; il poussa vers le Nord, défit les Touré qui commandaient encore une partie du Wagadou et exigea enfin la soumission des Cissé de Néma.

Tous ces royaumes payèrent désormais l'impôt à Soumahoro, le roi du Sosso.

Son règne dura vingt ans et fut mal supporté. Vingt ans de calamités ! On lui reprochait sa tyrannie ; on en avait peur ; on l'appelait le roi-sorcier ; il gardait dans sa « chambre d'homme » des fétiches effrayants, des crânes d'hommes et d'animaux, des cornes et des poudres, et surtout une grande jarre où dormait un long serpent, son génie protecteur. Il avait même un grand vautour qui venait percher sur le toit de sa demeure, l'avertissant de tout danger.

Et bien entendu tous les sorciers travaillaient pour lui ! Quant au griot Balla Fasséké qui jouait si bien du balafon, Soumahoro l'avait empêché de retourner dans son pays et l'obligeait à jouer pour lui.

Ainsi le temps passa, et la vie devint si dure pour les pays conquis, que Dankaran Toumani et sa mère Sassouma décidèrent à leur tour de s'exiler loin du roi-forgeron. Ils abandonnèrent leur royaume du Niani.

C'est alors seulement que les chefs des familles les plus importantes se décidèrent à réagir. À qui s'adresser ? Où donc étaient les autres héritiers de Naré Fa Magan ? Ils envoyèrent une délégation avec quelques bagages en direction du royaume de Néma, où, avaient-ils ouï dire, s'était réfugié Soundiata, le fils cadet du roi défunt.

5

Le retour de Soundiata

Soundiata avait aujourd'hui quarante ans. Il était devenu Maître-Chasseur et capitaine des gardes du roi Tounkara. Il vivait toujours avec sa mère, son frère et sa sœur.

Les envoyés du Manding arrivèrent de nuit, trouvèrent une logeuse, se renseignèrent, et s'arrangèrent le matin pour rencontrer la sœur de Soundiata qui revenait du puits. Ils lui offrirent des légumes de leur pays et lui demandèrent de voir Soundiata. La jeune fille prit le message et l'apporta à la maison. Sa mère reconnut les légumes du Manding et prévint Soundiata :

– Ils viennent pour te tuer !

– Mais non mère, après tant d'années ! Voyons-les, écoutons ce qu'ils nous veulent. Et puis nous aurons des nouvelles de notre pays.

Il les fit chercher le jour même. Quand il reconnut les notables des grandes familles, Soundiata comprit que c'était sérieux.

Il les salua longuement et les fit asseoir :

– Alors mes pères, comment vont-ils, les gens du Manding ?

– Fort mal, fils, ils sont persécutés par ce sorcier de Soumahoro. On les fait travailler de force dans ses mines de fer à Koulikouro. On razzie leurs champs. Il n'a d'égard pour personne. Même ton frère le roi Dankara Toumani a dû s'enfuir avec sa famille vers le Sud, et le tyran vient de s'emparer de la femme de son neveu Fakoli…

Soundiata les interrompit :

– Vous dites que le roi du Niani a quitté le pays ? La chefferie est donc vide ?

– Oui, fils, voilà pourquoi nous sommes venus te trouver. Tu es le second fils de Naré Fa Magan Konaté. Il t'appartient de revenir au pays et le sauver si c'est possible.

– Mais à l'époque, vous avez laissé Sassouma me chasser comme un orphelin, comme un maudit !

– Hééé ! qu'y pouvions-nous ? C'était la reine, la préférée du vieux Magan, elle était bien mauvaise.

– Et vous bien peu courageux ! De toute façon, ma mère est trop vieille, je ne peux pas lui faire supporter un si long voyage.

– Oh ! moi je n'en ai plus pour longtemps, dit la vieille Sogolon, et rien ne t'empêchera de rentrer au Manding.

Les gens se regardèrent et se turent. Soundiata dit alors :

– Si ma mère meurt demain, je jure de vous rejoindre. Si elle ne meurt pas, je ne vous rejoindrai pas.

Les envoyés du Manding se retirèrent en silence.

Sogolon, la mère de Soundiata, expira cette nuit-là.

Les envoyés du Manding revenus le lendemain matin s'écrièrent :

Diata Konaté
Maître des lions
Casseur de gros bras
Fendeur de grosses têtes
Déchireur de grandes bouches
Diata Konaté
Qui prend le village du chef du village
Qui prend l'héritage de l'héritier
C'est de Simbon[17] *qu'il s'agit*
C'est Soundiata qui se manifeste
Soundiata Keïta[18].

Et ils s'en retournèrent au Manding pleins d'espoir.

Soundiata alla trouver son hôte le roi de Néma.

---

17. *Simbon* : titre de Grand Chasseur par lequel on loue Soundiata et sa lignée.
18. *Keïta* : signifie « celui qui s'empare de l'héritage ». Cela deviendra le patronyme de Soundiata, à la place de « Konaté ».

Il lui dit son intention de partir, mais avant, il désirait enterrer sa mère.

Faran Tunkara n'avait nulle envie de se priver d'un si bon capitaine ; il répondit avec humeur :

– Si tu veux un coin de terre pour enterrer ta mère, il faudra le payer au prix fort !

Soundiata rentra chez lui, furieux. Il prit un large plateau d'osier, il y mit des herbes sauvages, il y mit des plumes de perdrix, il y ajouta des morceaux de charbon, une lame de poignard, des tessons de poteries et des tessons de calebasses. Il dit à son serviteur :

– Va porter cela au roi de Néma, c'est mon prix pour la tombe de ma mère.

– Qu'est-ce que cela veut dire ? se fâcha le roi.

Un vieux conseiller de la cour expliqua le message :

– Les tessons de poteries et de calebasses sont l'état dans lequel ce sauvage réduira la ville de Néma, par le fer et par le feu ; les herbes folles qui pousseront dessus ne seront fréquentées que par les perdrix sauvages comme lui. Voilà ce que fera Soundiata si tu lui refuses la terre qu'il demande !

– Hon ! dit le Tounka, qu'il l'enterre, qu'il l'enterre !

Le lendemain, Soundiata vint lui demander des hommes et des armes pour partir en guerre contre Soumahoro. Le roi lui donna tout ce qu'il voulait, se disant que, peut-être, cette expédition l'affranchirait de l'impôt annuel versé au roi soussou[19].

C'est avec cette petite troupe que Soundiata entreprit la libération du Soudan. Partout il se heurta d'abord à la crainte qu'inspirait Soumahoro. Il appela les piroguiers pour traverser le fleuve ; or c'était interdit par Soumahoro. Mais Soundiata parvint à les convaincre.

Puis il alla trouver plusieurs chefs manding, mais chacun lui conseilla de ne pas s'attaquer à

---

19. *Soussou* : qualificatif des habitants du Sosso.

plus fort que lui. Tous avaient plié l'échine devant le roi-forgeron. Neuf fois en vingt ans, il avait dévasté leurs villages. Il venait razzier encore leurs biens quand il voulait. Eux, en tout cas, n'osaient plus bouger.

Arrivé dans le Niani, Soundiata trouva cependant les gens heureux de le revoir. Ils chantèrent :

C'est un jour de chance
C'est un jour de sel et d'huile
Ce jour qui nous ramène Diata le lion !

Et Soundiata tout content leur répondit :

Marfa[20] *aussi à vous mes pères*
Je vous apporte le fusil de guerre
Car le voyage me fut favorable
Je dis marfa-fusil

---

20. *Marfa* signifie « fusil » ; *marhaba* signifie « bienvenue », salutation habituelle. Soundiata remplace l'un par l'autre pour indiquer ses intentions belliqueuses. Le fusil n'existe pas à l'époque, mais les griots l'ont intégré, vu le rôle qu'il joua plus tard dans les guerres soudanaises, aux XVIIe, XVIIIe et XIXe siècles.

et non pas marhaba-bienvenue
Car je suis venu apporter la guerre.

– Mounmounoumounou, chuchotèrent les habitants du Niani, ne parlons pas trop haut, ne parlons pas trop fort, le roi-sorcier pourrait nous entendre !

Soundiata vit que l'affaire était grave. Il ne voyait que des paysans apeurés. Où donc étaient passés les braves, les valeureux chasseurs ? Tous avaient fui devant l'armée des forgerons. Les notables restant s'étaient soumis, même ceux qui l'avaient appelé.

Soudain Soundiata demanda :

– Et mon griot, Balla Fasséké, où est-il ?

– Soumahoro l'a retenu, oui ; lors du mariage avec ta demi-sœur, le griot l'accompagnait, il joua du balafon si bien que Soumahoro l'obligea à rester à Sosso. Il dit que la musique de Balla lui détend les nerfs !

– Ah, dit Soundiata, eh bien voilà tout trouvé le prétexte de la guerre, si la cause profonde ne vous suffit pas ! Allez dire à Sosso que je réclame mon griot, celui que mon père m'a donné, Balla Fasséké Kouyaté.

L'envoyé de Soundiata s'en fut transmettre le message au roi Soumahoro. Il trouva dans sa cour les griots qui chantaient ses louanges :

Saluez Soumahoro
Gens du Manding !
Saluez le premier roi du Manding
Qui est né dans ce pays
Vainqueur de Koukouba et Bantama
de Niani et de Kambasiga
Qui revint du combat couvert de gloire
Soumahoro est entré au Manding
avec un habit en peau d'homme
Il est installé à Kunkun
il est installé à Nemintê
il règne à Niani
il règne à Sosso
Nul ne peut égaler
l'unificateur du Manding.

L'envoyé de Soundiata s'avança, salua le roi bien bas, et délivra son message.

– Comment ? Il est revenu celui-là ? s'étonna le roi-sorcier. Qu'il aille donc rejoindre sa famille qui a fui dans le Kissidougou ! Dis à ton maître que son griot est à présent mon griot. D'ailleurs le voilà qui joue pour mon plaisir. C'est un grand musicien, et ma nouvelle épouse adore ses chansons. Eh oui ! On raconte que j'ai trois cent trente-trois femmes, mais c'est très exagéré ! Celle-ci est la femme de mon neveu Fakoli Kourouma, elle était vraiment trop jolie pour cet imbécile ! Bien sûr il n'est pas content, mais le neveu doit céder aux désirs de l'oncle, n'est-ce pas ? Bon, tu diras à ton Diata Konaté que moi je suis comme le tas d'ordures : le tas d'ordures recouvre toute chose mais rien ne peut recouvrir le tas d'ordures ! S'il est intelligent, il comprendra.

5

Le tas d'ordures et le hérisson

L'envoyé rentra à Dakadialan où se reposait Soundiata.

– Soumahoro t'annonce qu'il est comme le tas d'ordures. Il recouvre toute chose mais rien ne le recouvre.

– Eh bien moi je suis comme le hérisson, si tu le frappes il te pique, qui donc ose frapper le hérisson ? Va répondre ceci à Soumahoro.

C'était une déclaration de guerre. Sou-mahoro comprit qu'il lui faudrait livrer bataille contre le fils de Naré Fa Magan Konaté. Alors commencèrent de part et d'autre les préparatifs de l'affrontement. Chaque camp fabriqua ses armes, recruta et mobilisa ses hommes, accumula les provisions, acheta chevaux et mulets pour les transporter. Soumahoro envoya ses espions épier le village de Dakadialan. Il apprit ainsi que Soundiata n'était pas seul. Il disposait de cent cavaliers de Néma, et de cent archers de Wagadou. De plus il pouvait compter sur les jeunes manding du voisinage.

Là-dessus Soundiata apprend que le roi de Tabon, autre royaume du Manding, Fran Kamara, s'est révolté contre le tyran. Il décide donc de marcher sur Tabon avec ses hommes d'armes pour rejoindre et aider Fran Kamara.

Aussitôt les espions du Sosso préviennent le roi du mouvement des guerriers quittant Dakadialan vers le Tabon.

Soumahoro décide alors de les attaquer par surprise. Il envoya cinq cents soldats-forgerons sur la route de Tabon, commandés par Sosso Balla, son propre fils.

Quand Soundiata arrive avec ses hommes,

l'armée de Soumahoro l'attend, avec Sosso Balla. La nuit tombait, avec la brume du soir. Il n'est pas de coutume de se battre la nuit.

– Attendons demain, suggère Mandé Bori le frère cadet de Diata, reposons-nous d'abord.

– Non, dit le fils du buffle, attaquons tout de suite !

Il fait battre les tam-tams et crier les griots. Les cavaliers tombent sur les forgerons soussou avant qu'ils aient le temps de saisir leurs sabres. Les archers du Wagadou en font un massacre, les lances des cavaliers les embrochent comme des poulets, Soundiata lui-même se bat comme un lion, cherchant leur chef Sosso Balla, le poursuivant, coupant des têtes, fendant des boucliers, perçant des poitrines.

Sosso Balla épouvanté prit la fuite, suivi par ses guerriers en débandade. Ils se replièrent dans une totale confusion sur le village forteresse de Soumahoro.

Le roi-sorcier, du coup, convoqua tous ses devins et leur dit seulement :

– L'affaire de Soundiata !

Les devins consultèrent les coquillages, puis le sable, puis les masques.

Ils revinrent, l'air soucieux, auprès du roi :

– Cette affaire est mauvaise pour toi. Le soleil du fils du buffle s'est levé et monte dans le ciel. Sa magie peut contrer la tienne. Il est aussi sorcier que toi. Prends garde, Soumahoro.

Et ils conseillèrent de sacrifier cent taureaux noirs pour conjurer la menace.

Pendant ce temps, Soundiata et sa troupe avaient fait la jonction avec Fran Kamara.

À Tabon ils unirent leurs forces et leur destin. Ils décidèrent alors de libérer tout le Manding.

Ils descendirent d'abord vers les collines du Bouré, là où les rivières charrient de l'or depuis des siècles. Puis ils s'avancèrent vers le village de Néguéboria.

Soumahoro Kanté avait lui aussi rassemblé ses hommes et revigoré leur courage. Cette fois-ci, il les accompagnait au combat ; il les disposa sur les pentes de la vallée de Néguéboria.

Les troupes manding s'avancèrent en masse compacte. Quand les forgerons soussou dévalèrent des monts en brandissant leurs sabres ils se firent tirer dessus comme des moineaux par les archers en contrebas. Et ceux qui avaient échappé aux flèches, les cavaliers les taillèrent en pièces dans la vallée.

Soumahoro assistait au carnage sans broncher. Soundiata l'aperçut sur la colline et poussa son cheval à sa rencontre.

Soumahoro ne bougea point.
Soundiata tendit son arc,
sa flèche frappa le roi en pleine poitrine.
La flèche retomba,
elle ne pénétra point Soumahoro.

Soundiata éperonna son cheval, il galopa vers le roi soussou. Celui-ci disparut aussitôt, il reparut au sommet d'un roc, dressé sur son cheval noir. Soundiata comprit alors que pour vaincre Soumahoro il lui faudrait d'autres armes.

Quelques semaines plus tard, un nouvel affrontement avec les Soussou eut lieu à Kankigné ; comme la première fois, les forgerons durent fuir devant la poussée de l'armée de libération. Comme la première fois, Soumahoro sur son cheval noir échappa à ses poursuivants.

Cependant l'armée soussou s'était retirée, en déroute. Les femmes de Néguéboria vinrent apporter aux vainqueurs de grands plats de tô[21] avec du gibier et de la sauce de feuilles de baobab. Et puis des calebasses de dolo, cette bière de mil si rafraîchissante.

Les notables à leur tour vinrent remercier leurs libérateurs. Et les Diallonké de Néguéboria se joignirent aux guerriers de Fran Kamara et du fils du buffle.

---

21. *Tô* : pâte de mil écrasé.

7

La ruse de Soundiata

Soundiata ne dormit pas cette nuit-là. Comment atteindre le roi sorcier ? Comment pénétrer ses secrets ? Quand le courage ne suffit pas, il faut employer la ruse !

Soundiata se souvint alors de Nana Triban, sa demi-sœur, qui était l'une des nombreuses épouses du roi ennemi. Et son propre griot n'était-il pas lui aussi à sa cour ?

Il envoya donc un jeune garçon couvert de haillons mendier dans la cité fortifiée des forgerons.

Sosso était protégée par des murailles de terre, mais marchands et mendiants pouvaient y entrer librement. Sosso n'était pas en état de siège. Voilà vingt ans que son chef était le maître du pays. Qui pouvait se risquer à attaquer Sosso ?

Le jeune mendiant envoyé par Soundiata arriva dans la capitale après plusieurs jours de marche. Il s'approcha du palais en psalmodiant des versets du Coran, après quoi il criait :

– «... au nom d'Allah donnez l'aumône à celui qui demande au nom d'Allah... »

Il n'y avait pas encore beaucoup de musulmans au Soudan en ce temps-là. Mais on les respectait beaucoup comme on respectait d'ailleurs tous les étrangers pacifiques.

Le garçon demanda d'entrer au palais, les gardes le laissèrent passer la porte. Qui aurait peur d'un enfant de douze ans ?

Il alla chanter sa prière auprès des femmes qui pilaient le grain pour le repas du soir :

– «... au nom d'Allah donnez l'aumône,

Nana Triban, donne l'aumône au mendiant d'Allah. »

Nana Triban, entendant son nom, sortit d'entre les femmes et l'interrogea, intriguée :

– Comment connais-tu mon nom, petit étranger ? Moi je ne te connais pas.

L'enfant lui dit rapidement à mi-voix :

– Je viens de la part de Soundiata. Cherche le Tana de Soumahoro. Et viens nous rejoindre.

La femme comprit tout de suite. Elle plongea sa main dans la petite bourse attachée à sa taille. Elle en tira une poignée de cauris et dit tout haut au mendiant :

– Qu'il en soit selon la volonté d'Allah. Va donc t'acheter un boubou car tu es presque nu.

L'enfant sourit et alla mendier auprès des autres femmes. Les unes donnèrent une boulette de tô, les autres une carotte de maïs ou un bol de lait caillé.

Lorsqu'il eut fait le tour, il sortit par la grande porte, mais il chantait maintenant :

– «... au nom d'Allah qu'il en soit fait selon la

volonté d'Allah. Nul ne peut rien contre la volonté d'Allah... »

Qu'est-ce qu'un Tana ? C'est un interdit, c'est ce qu'un homme ne doit pas manger, ou ne pas faire, ou ne pas toucher, ou ne pas laisser prendre, sous peine de voir toutes ses protections magiques annulées, inutiles.

Pour les uns, ils ne doivent pas manger tel animal ; pour les autres, il ne faut pas qu'on leur prenne leur bonnet, ou leur bague ; pour un autre, la seule chose qui peut le tuer est une flèche de tel bois, pour d'autres encore c'est à l'oreille gauche qu'il ne faut pas qu'ils soient blessés[22].

Autrement dit, le Tana c'est le point faible de la cuirasse magique, le point par où on peut atteindre celui qui par ailleurs est invulnérable.

---

22. Pour le héros grec Achille, son Tana était son talon. Partout ailleurs, il était invulnérable.

Ainsi Soumahoro, tout sorcier qu'il était, avait un Tana.

Soundiata en avait sûrement un aussi, mais personne n'a jamais su ce que c'était.

En effet, si tu caches bien ton Tana, seul le hasard peut t'atteindre. Mais si ton ennemi s'empare du terrible secret, tu devines l'usage qu'il peut en faire ?...

À cette époque, Nana Triban était encore bien jolie, avec ses tresses noires garnies de perles d'or, ses yeux brillants, ses longues jambes de gazelle, ses grands boubous de voile bleu ou rose, ses pagnes tissés à la main et teints à l'indigo.

Le roi venait la voir souvent ; il avait confiance en elle car, en dix ans, jamais elle n'avait provoqué la moindre querelle. Elle restait à l'écart des bavardages des nombreuses épouses et concubines du roi-sorcier. Elle avait appris à le connaître, et flattait ses goûts pour l'alcool et la musique.

Elle s'en alla acheter dans le quartier des cabaretières de l'hydromel bien frais, et du jus de goyave. Et puis aussi des dattes et des figues chez le Maure du coin. Elle passa chez le boucher choisir un gigot de mouton bien gras, car son seigneur et maître adorait les grillades. Enfin elle convoqua Balla Fasséké, le musicien préféré du roi.

Lorsque ce fut son jour de recevoir son royal époux (car chaque femme avait son jour), Nana Triban lui prépara toutes ces bonnes choses, et l'accueillit parée et parfumée comme une princesse arabe, aux sons mélodieux du balafon de Balla.

Le roi se dit que sa femme avait pour lui un retour de flamme, et il fut charmé des plaisirs que ces yeux doux lui promettaient.

Il but beaucoup ce jour-là, un peu trop sans doute. L'alcool, l'encens, la musique et l'amour conjugués viennent à bout des cœurs les plus farouches et les rendent reconnaissants.

– Dis-moi ce qui te ferait plaisir mon amie, un bracelet d'or, un tissu de soie du Caire, une génisse blanche et pleine, ou une petite esclave ?

– Rien de tout cela, mon bien-aimé, mais ta confiance, ta confiance seulement.

– Mais tu l'as, voyons ! Cela fait combien d'années maintenant ? Tu sais bien que je te préfère à toutes mes autres femmes, même à la dernière, que j'ai soufflée à mon stupide neveu !

Et il riait, Soumahoro, il était vraiment heureux ce soir-là. La nuit était très douce, les grillons crissaient au clair de lune ; les yeux de Nana Triban scintillaient comme des lucioles...

– Il y a pourtant une chose que tu me caches, et si tu me la disais, ce serait la plus grande preuve de ta confiance... c'est ton Tana, tu sais bien...

– Bah ! mon Tana, je n'y crois pas trop, mais enfin si ça t'amuse... Ma mère m'avait dit que c'était l'ergot de coq. Tu te rends compte, je devrais craindre plus que tout un bête ergot de coq ! Moi que le fer ni les balles ne peuvent percer ! Moi qui sais prendre soixante-deux formes différentes, de la mouche à l'éléphant ! Moi qui apparais et disparais en un clin d'œil !

– L'ergot de coq ! quelle plaisanterie ! quoi encore ! s'écria la femme en frappant dans ses mains, tu te moques de moi !

– Non, non, je t'assure. Allons, verse-moi encore de cette bière de miel, quel est ce goût spécial, qu'y as-tu ajouté ?

– Rien que deux brins de fleur de citronnier, ce sont là nos petits secrets…

– Ah ! si mes femmes étaient toutes comme toi, je n'aurais pas de problèmes, soupira le roi.

Et soudain il se sentit fatigué, et s'endormit dans les bras de son épouse.

Cependant Nana Triban attendit encore trois mois avant de rejoindre Soundiata. Ne pas éveiller les soupçons. Guetter la bonne occasion.

Un soir enfin, elle fit appeler Balla Fasséké. Le roi était parti une semaine à la chasse, son sport favori. Il campait alors en brousse et ne rentrait pas à Sosso.

Ils partirent de nuit, ombres furtives vêtues de noir, ils quittèrent le palais, les gardes ronflaient, les rues étaient désertes ; ils prirent le chemin du sud, ils atteignirent une grosse ferme isolée, ils achetèrent deux ânes contre deux mille cauris ; le lendemain, ils étaient loin.

De toute façon le roi ne rentrerait que dans huit jours, ils avaient le temps d'atteindre Sibi où Soundiata campait avec son armée.

8

Toute marmite a son couvercle

Car Soundiata n'avait pas perdu son temps. Il avait envoyé des messages à tous les chefs manding de la région, et leur avait donné rendez-vous à Sibi, chez le roi Kamandjan.

Ce dernier lui avait dit :

– Il est temps de rassembler le Manding. Tu nous as libérés grâce aux hommes de Wagadou, de Néma, de Tabon. Maintenant c'est le Manding tout entier qui doit se battre pour sa propre liberté. Nous avons trop longtemps plié l'échine. Tu nous as prouvé que l'on pouvait résister à

Soumahoro. *Toute marmite a son couvercle.* Tu seras le couvercle de Soumahoro. Réunis le Manding et nous combattrons à tes côtés.

Alors vinrent le rejoindre :

Les Kamara de Kamadjan armés de leurs piques ;

Siara Koman Konaté du Toron, avec ses lanciers ;

Fany Kondé-Diarra de Do et Kri, avec ses archers ;

Fran Kamara de Tabon et ses fantassins ;

Mansa Traoré Tiramagan le roi-voyant, avec ses sofas[23] ;

Trente-trois rois manding vinrent ainsi s'allier à Soundiata et même les archers envoyés de l'Est par le roi des Bobo[24].

Et puis, voilà, surprise ! Fakoli le propre neveu de Soumahoro avec ses guerriers soussou, le voilà qui arrive à Sibi.

---

23. *Sofas* : guerriers islamisés.
24. *Bobo* : peuple habitant la région qui correspond au Burkina.

– Comment Fakoli, que fais-tu ici ? s'écria Soundiata.

– Je viens me venger, rugit Fakoli, ce bandit m'a volé Keleya, ma jeune femme ! J'ai eu à peine le temps d'y goûter ! Le bandit, je lui couperai les c...

– Bon, bien, c'est vos affaires de famille... l'essentiel est que tu sois de nos alliés. Vois tous les chefs, tous les guerriers ici rassemblés. C'est la coalition[25] contre Soumahoro. C'est la fin du règne de Soumahoro. Vive le Sosso libre, vive le Tabon libre, vive le Manding libre, vive le Mali[26] libre !

Et l'immense foule des guerriers reprit :

– Vive le Mali libre !

---

25. *Coalition* : réunion de plusieurs alliés contre le même ennemi.
26. En effet, Soundiata rassembla ces différents royaumes, chefferies, régions et tribus sous le nom de Mali, et ce au XIIIe siècle. Le Mali garda son nom jusqu'au XVIIIe siècle, puis fut conquis par le Songhaï, le Bambara, la France. Il reprit son nom et son indépendance en 1960.

Soundiata se retira dans la case de commandement que lui avait offerte Kamandjan.

Il avait chaud au cœur, mais aussi beaucoup d'inquiétude.

Quel poids celui du chef d'une telle armée ! Combien de morts, combien de blessés encore, pour venir à bout de cet adversaire diabolique ? Combien de batailles, de villages détruits, de champs ravagés, de femmes et d'enfants en fuite et sans défense dans la brousse ?

La guerre est mauvaise, la guerre est sauvage, même lorsqu'elle est juste.

« La guerre et celui qui la partage ne se séparent jamais en bons termes[27]. »

La guerre se paie toujours trop cher, même pour celui qui la gagne.

Soundiata roulait dans sa tête ces pensées amères. Quand on vint lui annoncer des voyageurs.

---

27. Proverbe manding.

– À cette heure-ci ? s'étonna-t-il, en sortant de sa case.

Mais lorsqu'il vit s'avancer sur leurs petits ânes sa demi-sœur Triban et son griot Balla Fasséké, Soundiata hurla de joie. Il appela son frère Mandé Bori, et sa petite sœur Kolonkan, et ses cousins.

Après les embrassades et les larmes (ils ne s'étaient pas vus depuis vingt ans), après les rafraîchissements et l'échange des nouvelles de la grande famille, Soundiata demanda :

– Et Soumahoro ?

– Voici son Tana.

– Que tiens-tu en main ?

– C'est un ergot de coq, je l'ai choisi sur un coq noir, le plus méchant de la basse-cour du palais.

– Un ergot de coq, tu plaisantes ?

– Non, c'est bien vrai, je risque ma vie pour t'apporter cela.

– Grande sœur, alors on est sauvés ! Mandé Bori, toi qui es si habile, tu vas me fabriquer une flèche avec cet ergot de coq. Fais-la bien droite, de bois dur, que je ne rate point mon but. Et gare à Soumahoro Kanté !

L'immense armée de Soundiata était divisée en régiments dirigés chacun par un roi ou un chef allié, chacun avait son étendard. Cela s'était fait tout seul.

Un chef venait avec ses hommes et en gardait le commandement. Sosso était à plusieurs jours de marche. Ils s'en approchèrent jusqu'au village de Dayala, sur le fleuve Niger.

Il est d'usage avant une grande bataille que les adversaires se lancent des défis.

Mais ce fut son hibou sorcier que le roi de Sosso envoya pour porter son défi à Soundiata, et le chef manding lui répondit par le même véhicule.

Ce fut une étrange conversation :

– Si tu veux la paix retourne d'où tu viens. J'ai razzié le Manding neuf fois. Tous les chefs me payent l'impôt. J'ai conquis le pays par la force et la force a fondé mon droit.

– Nos droits à nous vont détruire ta force, ce pays est le nôtre, nous venons le reprendre.

– Je suis la racine sauvage qui pousse dans les rochers du Manding, nul ne peut l'arracher !

– Et moi je suis la chèvre qui arrache et mange toutes les racines !

– Je suis le champignon vénéneux qui empoisonne l'imprudent.

– Et moi je suis le coq qui dévore tous les champignons impunément !

– Je suis la braise qui te brûlera les pieds.

– Et moi je suis l'ouragan qui éteint la braise !

– Je suis le fromager qui dépasse tous les arbres de la forêt.

– Et moi je suis la liane géante qui étouffe le fromager !

– Il n'y a pas de place pour deux crocodiles dans une même rivière ! ni pour deux rois sur un même trône !

– Alors je te chasserai et tu me céderas la place, Soumahoro ! [28]

Cet échange étonnant se passait de nuit, et nul autre que les deux chefs enfermés dans leurs cases ne pouvait l'entendre.

Dehors cependant, les guerriers manding et leurs alliés avaient commencé leur veillée d'armes.

Les griots exaltaient tour à tour chaque chef d'armée ; ils récitaient d'abord sa généalogie et les exploits de ses ancêtres ; puis ils le couvraient lui-même de louanges, à tel point que l'homme ainsi flatté se sentait devenir un héros !

Chacun d'eux s'avançait alors au milieu du cercle, il plantait sa lance en terre, et il annonçait l'exploit qu'il accomplirait le lendemain sur le champ de bataille.

---

28. Ces défis sont développés dans la version de Djibril Tamsir Niane, éditions Présence Africaine, Paris, 1960.

L'un s'écriait :

– Demain je pourfendrai cent forgerons de mon sabre ! Si je mens, que je meure !

L'autre se vantait :

– Je trancherai Soumahoro en deux depuis la tête jusqu'au coccyx !

Le troisième en rajoutait :

– Et moi je le trancherai jusqu'au ventre de son cheval !

Le quatrième affirmait :

– Moi je le prendrai vivant et je le ligoterai comme une vache de sacrifice !

Chacun de ces serments était accueilli par des cris et des applaudissements. Car chaque déclaration faite ainsi en public engageait son auteur pour la bataille toute proche.

Chacun terminait en récitant la devise du Manding :

Mieux vaut la mort que la honte,
Et que la honte tue le lâche qui fuit ou se cache.

Pendant ce temps les femmes versaient la bière de mil dans les cornes et les calebasses, et tous en buvaient de très larges rasades ; car on disait que le vin rend fort et tue la peur !

Soundiata, lui, restait à l'écart de tout ce vacarme.

Il ne buvait pas, il ne parlait pas.

Il rassembla ses gris-gris. Il se lava avec des philtres magiques.

Il prépara son arc. Son frère Mandé Bori vint lui apporter la flèche qu'il avait taillée, avec l'ergot de coq au bout empoisonné.

Soundiata la glissa dans son carquois, auprès des autres ; mais celle-là, il la réservait pour le roi-sorcier.

Enfin il se coucha et dormit comme du plomb, jusqu'à l'aube.

5

LA DERNIÈRE BATAILLE

Au petit matin l'armée manding s'ébranla. Les cavaliers lanciers étaient devant avec Fakoli et Kamadjan ; les archers venaient derrière et sur les côtés, avec Tiramagan ; les fantassins en dernier, armés de sabres, de machettes et de piques. Il leur revenait d'achever le travail des régiments du front.

L'armée soussou les attendait. Elle couvrait la plaine de Naréna, à perte de vue, et jusqu'aux murailles de Krina tout hérissées d'archers.

C'était une armée aguerrie qui avait bien plus

d'expérience que les troupes du Manding, de formation récente et d'origines diverses.

Mais les guerriers soussou étaient démoralisés. Ils n'avaient cessé de reculer jusqu'ici, ils ne comprenaient pas pourquoi.

Alors qu'ils avaient fait toutes les campagnes de Soumahoro, alors qu'ils avaient conquis et tenu ce pays sous leur fer pendant vingt ans, pourquoi à présent tous ces peuples se soulevaient-ils, prenaient les armes, et osaient maintenant les provoquer jusque dans leur repaire ?

Cette guerre durait vraiment trop longtemps et elle ne tournait pas en leur faveur.

L'armée de Soumahoro, la meilleure armée du Soudan, qui excellait en assauts et en razzias, se trouvait maintenant sur la défensive, acculée, assaillie par ce ramassis de paysans !

Le combat s'engagea. Les flèches volèrent comme une nuée d'éperviers. Les lances cognaient, les piques perçaient, les sabres tranchaient, les machettes taillaient, les têtes et les bras tombaient comme des fruits sanglants, les étendards claquaient au vent, les chevaux hennissaient et se cabraient, le métal des sabres et le sang des mourants brillaient dans le soleil qui grimpait au zénith…

À midi, l'armée soussou était en déroute et les guerriers manding entraient dans Krina.

Soumahoro prit la fuite, accompagné de son fils Sosso Balla.

Soundiata les talonnait, suivi de Fakoli.

Le galop des chevaux les emporta jusqu'au pied de la montagne de Koulikouro.

Le roi sauta à terre et entreprit d'escalader le sentier escarpé. Il s'essoufflait.

Soundiata gagnait du terrain, il se rapprocha, il tendit son arc, il visa, et tira la fameuse flèche, l'ergot de coq érafla le roi à l'épaule ; le roi sentit qu'il était perdu !

Soumahoro arriva au sommet, face à d'énormes grottes qui plongeaient dans les entrailles de la montagne.

Le chemin s'arrêtait là. Dans un dernier effort

de sa puissance magique, le roi-sorcier se changea en rocher.

Lorsque Soundiata et Fakoli arrivèrent à leur tour en haut de la montagne, ils ne trouvèrent plus que ce roc[29] et, devant, Sosso Balla tremblant, à genoux.

Ils s'emparèrent du fils du roi disparu, et rejoignirent le reste de l'armée à Krina.

29. Ce lieu est aujourd'hui un but de pèlerinage, où l'on invoque les génies protecteurs de Soumahoro.

10

DU CHEF DE GUERRE AU MALI MANSA

La nouvelle de la mort du roi-sorcier se répandit comme un feu de brousse.

L'armée des forgerons se dispersa sans tarder, chacun rentra dans son village après avoir jeté ses armes. Krina avait été prise, et mise à sac, Sosso le serait bientôt, mieux valait s'éloigner au plus vite, afin de ne point tomber aux mains ennemies pour devenir ces captifs qu'on vendrait aux marchands d'esclaves ! Car les bonnes habitudes avaient continué durant le règne de Soumahoro tout comme elles existaient avant lui.

Soundiata et Fakoli rassemblèrent donc leurs troupes. Il fallait à présent parachever leur victoire et prendre Sosso la ville-capitale.

Soundiata venait en tête, sur son cheval préféré, entouré des chefs de guerre, à cheval eux aussi.

Leurs régiments suivaient, ayant repris leurs armes et leurs boucliers. Ils avançaient prudemment, persuadés que l'armée soussou les surprendrait encore. Mais l'armée soussou semblait avoir disparu avec son mauvais génie. Des villages traversés ne sortaient que des paysans craintifs qui les accompagnaient de leurs salutations.

Cependant que les griots du Manding scandaient l'hymne de Soundiata, l'hymne à l'arc :

Tu as pris l'arc,
Fils de Sogolon
Tu as pris l'arc
pour parcourir le Manding
Tu as pris l'arc
Grand Serpent qui entoure la Terre

Tu as pris l'arc
pour libérer le Manding.

Soundiata et son armée arrivèrent à Sosso et défirent la dernière garde soussou qui tentait encore de sauver la ville. Mais l'assaut des alliés fut irrésistible, et les Soussou privés de leur chef n'étaient plus en mesure de contenir leurs envahisseurs.

Laissant le pillage de la ville à ses guerriers, Soundiata revint sur Naréna où Kamadjan s'occupait de faire enterrer les morts et soigner les blessés. Il continua sur Dakadialan, la capitale, et décida de la transférer au village nommé Niani. C'est là qu'il convoqua les chefs de guerre, les grands prêtres et aussi les chefs des cinq grandes familles déjà islamisées : les Touré, les Cissé, les Bérété, les Djabi, les Diané. Il convoqua enfin les rois qui furent ses alliés dans la guerre qui se terminait.

Il fut alors désigné comme Mansa-Roi de tous les royaumes rassemblés sous le nom de Mali.

Ses principaux supports dans sa réforme politique furent Tiramagan Traoré et Fakoli Kourouma. Pour l'assister dans l'exercice du pouvoir, on institua un Grand Conseil où les principaux chefs étaient associés. Ils décidèrent ainsi du partage des prisonniers de guerre, du jugement des traîtres et des fuyards, de l'exécution du fils de Soumahoro et des chefs soussou et peuls qui l'avaient assisté, de la création d'une police chargée de la sécurité des pistes et des villages.

Soundiata en particulier décida de supprimer la chasse aux esclaves sur toute l'étendue du pays.

Ainsi fut arrêté pour un temps le commerce affreux qui décimait les familles et brouillait les relations de voisinage. Nul ne put plus mettre le mors en bouche à un homme libre sous le règne de Soundiata. Seuls ceux qui étaient déjà esclaves[30] dans les maisons manding, soninké ou peules, le restèrent.

---

30. L'esclave « de case » était intégré à la famille de ses maîtres et son sort n'était pas plus pénible que celui de l'esclave grec ou romain de l'Antiquité. C'était une sorte de serviteur à vie.

La réunion du Grand Conseil du Mali se termina par un serment solennel : les chefs présents jurèrent allégeance[31] au nouveau Mansa, de l'assister dans ses opérations militaires et de lui payer l'impôt annuel.

Ils burent ensemble le dégué[32] en un geste symbolique de soumission.

On envoya ensuite des messagers dans les provinces et royaumes dont les chefs étaient absents à la réunion du Grand Conseil.

Partout les messagers annoncèrent les décisions prises ; la principale était l'autorité suprême de Soundiata sur tous les rois du Manding et de ses voisins ; l'autre était la création de garnisons militaires dans différentes régions afin de défendre l'empire et de prévenir les

---

31. *Allégeance* : acceptation d'une dépendance d'une autorité envers laquelle on a des devoirs.
32. *Dégué* : bouillie de mil.

révoltes des vassaux[33] ou les attaques étrangères. En effet cette autorité et ces garnisons ne furent pas acceptées par tout le monde, vous pensez bien !

Plusieurs rois, même parmi ceux qui avaient prêté main-forte à la guerre contre Soumahoro, n'étaient pas du tout disposés à se coucher devant un nouveau maître. Ils avaient aidé Soundiata, ce n'était pas une raison pour lui abandonner leur pouvoir.

Ainsi, certains chefs soussou et peuls hésitaient à faire leur soumission. On les en convainquit avec brutalité !

Ainsi, le cousin de Fakoli, Massaden Touroumé, de Kola dans le Solon, s'écria :

– Soundiata m'a trouvé déjà installé sur la peau du pouvoir. Je suis de loin son aîné. Comment alors reconnaître son autorité, répondre à

33. Vassaux : ici les chefs et rois qui ont fait allégeance à Soundiata. Cela ressemble tout à fait au contrat féodal entre le suzerain et ses vassaux.

ses convocations, aller m'asseoir à sa cour, pour qu'il décide de mes affaires ? Cela, je ne l'accepterai jamais !

Ce fut Tiramagan qui dut aller jusqu'à Tola, avec un détachement, pour l'arrêter et le faire juger à Niani. Soundiata le condamna à l'exil.

Djigui Makan Djigui, qui régnait à Karatabougou, toujours dans le Solon, sur la rive droite du Niger, se révolta et dit qu'il ne prêterait jamais un pareil serment qui le ferait passer d'un maître à un autre. Lui aussi fut capturé et exilé loin du Manding.

Un autre plus important encore, le grand Massa Kara Kamara, était déjà roi de Nianiba lorsque naquit Soundiata. Il dit :

– Je n'accepte pas le pouvoir de ce gamin. Non seulement je puis être son père, mais en plus ma famille est la première venue dans le Manding, bien avant la sienne. Sa prétention dépasse les bornes. Je n'irai pas faire allégeance à Niani.

Quand Soundiata apprit sa réponse, il se fâcha, l'accusa de rébellion et envoya Fakoli châtier le roi de Nianiba.

– Si je ne te l'amène pas vivant, je t'amènerai sa tête, jura Fakoli.

Mais ce Massa Kara Kamara était très puissant, très riche et très brave. Il était bien gardé par ses archers qui étaient revenus de guerre et défendaient ses terres.

Fakoli avait parlé un peu vite et se prit à le regretter.

Il se renseigna donc et s'aperçut que parmi les épouses de Massa Kara il y avait la sœur de Tiramagan Traoré, le roi vaillant avec qui lui, Fakoli, avait mené la guerre de Soundiata. Fakoli la connaissait bien, n'était-il pas l'ami de son frère et donc son ami ? Il lui envoya sa servante avec un message :

– Belle Kenda Kala, je pense à toi toute la journée et je ne dors plus la nuit. Je n'ai jamais osé te dire combien je t'aimais. À présent que la guerre est finie, je ne rêve plus que de t'épouser. Hélas ton mari actuel ne voudra jamais renoncer à toi, tu le sais... Comment faire?... Si tu m'aimes autant que moi, tu trouveras.

Les vieux du Mali disent : « Le jour où tu diras à ta femme : "J'ai toute confiance en toi, et je sais que jamais tu ne me préféreras un autre homme...", c'est ce jour-là qu'elle va jurer ta perte ! »

C'est méchant pour les femmes. Seulement il est vrai que Fakoli était un beau cavalier qui s'était couvert de gloire à la guerre, et que le roi Kara Kamara se faisait vieux – près de soixante-dix ans tout de même !

Kenda Kala avait bien remarqué Fakoli, et Tiramagan admirait devant elle la fougue et l'audace de son compagnon d'armes. Elle fut touchée par cette déclaration ; huit jours plus tard, elle lui envoya sa petite esclave avec un message :

– Viens donc derrière ma case dès demain ; tu viendras la nuit en te cachant, tu attendras le petit matin. Massa a coutume de prendre son bain chez moi. Quand tu m'entendras frapper des mains, ce sera à toi d'intervenir.

Tout se passa comme prévu. Le roi se faisait masser, nu dans son baquet d'eau mousseuse ; sa femme laissa soudain tomber le savon.

—Oh ! s'écria-t-elle en claquant des mains pour le rattraper.

Fakoli surgit de derrière le mur de terre et sa flèche d'un éclair transperça Massa Kara Kamara.

Ainsi fut consommée la trahison d'une jolie femme. Ainsi fut vaincu le roi Massa Kara.

Si l'on vous raconte que Fakoli se battit contre Massa Kara et lui mit nuque en terre, c'est faux ! Il eut le roi de Nianiba par la ruse ; après quoi il lui fut aisé de faire encercler sa demeure, et rendre les armes à ses guerriers surpris par la mort de leur chef.

Fakoli emmena la belle Kenda à Niani, avec la tête de son royal mari.

Après tout, il avait tenu sa promesse.

Alors les griots inventèrent un nouveau chant :

Ne connaissez-vous pas Soundiata ?
Diata qui plia « ses cadets et ses fils » ;
Diata qui plia « ses pères et ses aînés » à sa loi ;
Diata qui obligea les braves du Manding à lui
prêter serment sous les figuiers sacrés ;
Diata qui n'a jamais eu peur de l'ennemi ;
Diata qui n'a jamais été frappé de frayeur ;
Diata qui n'a jamais douté de l'issue du combat.
Ce que Dieu a fait,
Nul ne saurait mettre fin à cela.
Ainsi, Diata plia « ses cadets et ses fils » à sa loi,
Il plia « ses pères et ses aînés » à sa loi,
Il obligea les braves du Manding à lui
prêter serment.
Le pouvoir est pour Diata
Surnommé Sogolon Diata.
Celui-ci vainquit « ses cadets et ses fils »
Et cette victoire lui fut profitable ;
Il vainquit « ses pères et ses aînés »
Et cette victoire lui fut profitable ;
Il combattit la « droite »
Et ce combat lui fut favorable ;

Il combattit la « gauche » [34]
Et ce combat lui fut favorable.
C'est à Diata que je m'adresse !
Diata fils de Sogolon
Sogolon Koudouman, « Sogolon la difforme »,
Toi Diata le chef de guerre tout-puissant.

34. C'est-à-dire « de tous côtés » ; « gauche » et « droite » n'ont pas de signification politique ici.

II

L'AGRÉMENT DES DIEUX

Après la réduction de ses opposants, après la rentrée des récoltes et avant son intronisation officielle, Soundiata avait encore une obligation à remplir.

On ne devient pas Mansa suprême sans prendre l'avis des divinités du pays.

Il existait au Manding, près de Kita, une colline raide et droite comme un mur. On l'appelait le Kita-Koulou. Il s'y trouvait une mare sacrée nommée le Mogoya Dji. C'est là que résidaient les dieux protecteurs de la région. Soundiata s'y trempa, en but l'eau, pria, sacrifia un coq blanc. La pluie tomba, comme si le ciel agréait l'offrande.

En descendant du Kita-Koulou, le visage et le corps de Soundiata resplendissaient. Il était prêt pour son intronisation à Kangaba.

Kangaba est une grande clairière entourée de hauts fromagers. C'est là qu'étaient enterrés les ancêtres de Soundiata Konaté. C'est là que l'on éleva la case sacrée des Keïta, Mansa du Mali.

On y fait des cérémonies du souvenir tous les cinq ans, encore aujourd'hui. Tous les cinq ans on change le grand toit de chaume de cette case, et pendant trois jours on récite l'épopée de Soundiata, celle même que vous lisez en ce moment. Mais avec plus de détails, toutes les guerres, tous les héros, les généalogies, les devises, les alliances, les chants.

Seuls les membres des familles Konaté-Keïta peuvent y assister. Pour tout autre, c'est interdit. Encore aujourd'hui.

C'est donc à Kangaba que Soundiata fut intronisé.

Toutes les armées, tous les rois, tous les chefs de clans, tous les notables étaient là dans leurs habits de fête. Mais aussi les représentants des corps de métiers : griots, musiciens, forgerons, tisserands, travailleurs du bois et du cuir. Et puis les chefs pasteurs, les chefs pêcheurs, les prêtres animistes et les marabouts. Toutes les ethnies et toutes les langues du pays se côtoyaient : manding et marka, soussou et wagadou, soninké et songhaï, senoufo et ashanti, somono et bozo, mossi et bobo, dioula et kassonké.

Les chasseurs arrivèrent les derniers. Ils entouraient le Mansa lui-même en simple habit de chasse, muni de son arc de fer.

Tout d'abord, le roi fit des libations sur les tombes de ses pères, comme c'était l'usage.

Puis il sacrifia des taureaux et des béliers rouges. Les grands griots de lignage lui chantèrent les origines et les étapes de l'histoire du pays.

Puis on le dévêtit de sa tunique de chasseur, on lui passa une toge blanche et le manteau royal pourpre. On entoura son bonnet de chasseur d'un cercle d'or, on lui offrit la grande canne de royauté à la place de son arc de fer ; on le fit s'arrêter devant chaque roi, chaque chef, chaque délégué de caste ou de région. Cela s'appelait « le tour du monde ».

Puis Soundiata monta sur une estrade et s'assit sur la peau de lion ; on lui fit jurer de défendre le Mali et ses peuples. Durant trente-quatre jours il reçut les cadeaux et les félicitations de ceux qui étaient devenus ses sujets.

Le règne de Soundiata fut long et prospère.

Comme tout roi manding, il ne quitta plus le territoire de sa capitale, cependant que ses chefs de guerre Fakoli Kourouma et Tiramagan Traoré poursuivaient la conquête vers l'Ouest et élargissaient les frontières de l'empire du Mali. Tiramagan annexa le royaume de Djolof (au Sénégal) et celui du Gabou (en Gambie, Casamance et Bissao).

Ainsi, c'est depuis l'océan Atlantique que les seigneurs locaux versèrent l'impôt au Mansa du Mali[35].

Comment Soundiata put-il gouverner cet immense empire ? Avec sagesse il confia la gestion des provinces aux rois alliés, qui conservèrent ainsi l'autorité sur leurs propres peuples. Puisqu'ils avaient accepté le commandement suprême de Soundiata, ils récoltaient eux-mêmes l'impôt pour l'apporter à Niani. Car ils venaient souvent dans la capitale du Mali.

Quant à la province du Sosso il l'attribua à Fakoli. Elle restait donc dans la famille de son ancien roi-forgeron.

Cependant, Soundiata édicta des lois spéciales

---

35. Même les voyageurs portugais qui deux siècles plus tard exploreraient la côte africaine entendirent parler du Mali Mansa. Mais il s'agissait alors des descendants de Soundiata, bien sûr. En revanche, des voyageurs arabes passant par le Mali au XIIIe siècle signalèrent la présence du Mansa Soundiata dans cet État riche et bien gouverné. Il fut donc plus un empereur qu'un simple roi. Son empire était plus vaste que la Gaule des Carolingiens, et il y fit régner la paix pendant trente ans.

pour la sécurité ou le commerce. Il créa un corps de délégués, les *lassiguiden*, qui parcouraient les provinces pour transmettre ces lois aux rois locaux, et rapporter des informations utiles au Mansa.

Si bien que, malgré son titre de Kélé-Mansa, empereur de la guerre, Soundiata n'eut plus vraiment de guerre à mener.

Et les griots beaux parleurs chantaient :

Si tu veux de l'or, va à Niani,
car Bouré et Bambouk travaillent pour Niani
Si tu veux du sel, va à Niani,
car les caravanes du Nord campent à Niani
Si tu veux de riches tissus, va à Niani,
car la route de la Mecque passe par Niani
Si tu veux du poisson frais, va à Niani,
car les pêcheurs du Djenné viennent
le vendre à Niani
Si tu veux de la viande grasse, va à Niani,
car chasseurs et troupeaux abondent au Mali

Si tu veux voir une grande armée, va à Niani,
car c'est là que se réunissent les guerriers du Mali
Si tu veux voir un grand roi, va à Niani,
car c'est là que réside Soundiata le Mali Mansa[36].

Oui, on raconte que Soundiata devint musulman. Mais cessa-t-il de sacrifier aux dieux du pays ? Sûrement pas ! Cependant il est vrai que l'islam pénétrait peu à peu au Sahel et souvent commençait par les familles royales. Mais ce ne fut qu'avec Kankou Moussa (1307-1332) qui régna soixante-dix ans après Soundiata, que les rois du Mali se convertirent officiellement. Kankou Moussa fit même un pèlerinage à la Mecque, où il distribua tant d'or qu'il y provoqua une dévaluation ! À son retour il fit construire les plus belles mosquées que l'on voit encore à Tombouctou, Mopti, Djenné et Sankoré.

Quant à Soundiata, il mourut mystérieusement et fut enterré plus mystérieusement encore.

---

36. Ce chant est celui qui termine le récit de Djibril Tamsir Niane

Il repose dans la terre malienne et seuls les prêtres et les chefs initiés savent exactement où est cachée sa tombe. Ils vont y prier chaque fois que le pays traverse une épreuve, ou que la sécheresse menace les récoltes.

Tandis que les griots perpétuent, de génération en génération, par leurs chants et leurs récits, le souvenir du plus grand souverain de l'Afrique du Moyen Âge.

Afrique de l'Ouest ou de l'Est, Afrique du désert, de la savane ou de la forêt, Afrique islamisée ou animiste... Il n'est pas possible de rendre compte de la diversité de l'Afrique Noire en une seule épopée tant ce continent multiple est une mine de littérature orale, composée et recomposée au fil des siècles par les griots.

Soundiata, qui nous vient d'Afrique de l'Ouest et d'une époque où l'islam s'est à peine installé, nous donne cependant un très bon aperçu de cette richesse. Au gré des époques et des griots qui l'ont racontée, l'épopée de ce petit roi qui a fondé un empire s'est enrichie de bravoure et de magie au point d'avoir pris la place de l'Histoire elle-même et d'être enseignée dans les écoles du Mali et du Soudan.

Empereur, ou « Mansa », du Mali entre 1230 et 1255, Soundiata est parvenu à instaurer un vaste empire en fédérant les petits royaumes alentour pour écraser, en 1230 à Krina, les troupes du roi du Sosso. Pendant près de deux siècles, cet empire fut l'État le plus riche et le plus stable de l'Afrique de l'Ouest, survivant jusqu'au XVIe siècle avant d'être affaibli par les querelles de successions. Le récit épique de cette conquête fut transcrit pour la première fois en 1960 par Djibril Tamsir Niane, après avoir été pendant quatre siècles confié à la seule garde des griots.

Les griots ressemblent d'assez près à ce que furent les troubadours du Moyen Âge, mais leur influence sur la popularité d'un souverain et sur l'opinion publique est considérable. S'accompagnant toujours d'un instrument de musique, ils adaptent leur récit aux circonstances, au public présent ou au prix proposé... Si Soundiata (comme l'épopée de Ségou) est un magnifique exemple d'épopée royale, le griot possède aussi à son répertoire des épopées corporatives (sur les pêcheurs du fleuve Niger par exemple), des épopées religieuses (propres aux populations islamisées), des épopées mythologiques claniques où, à grand renfort de magique et de merveilleux, les clans gardent les traces de leurs héros mémorables et de leurs aventures extraordinaires.

Plus que sur les écrits, la mémoire des peuples d'Afrique reposait sur les hommes eux-mêmes, et l'on comprend ainsi pourquoi la mort d'un griot traditionaliste, riche de toute cette mémoire, était considérée comme une perte grave.

LE MALI DE SOUNDIATA

BIBLIOGRAPHIE DE RÉFÉRENCE

Camara Laye,
Le maître de la parole, Plon, Paris, 1978.

Camara Sory,
Gens de la parole, essai sur la condition des griots, Paris, 1976 ; réédition Karthala, 1992.

Cisse Y. T.,
La confrérie des chasseurs malinke et bambara, mythes, rites et récits initiatiques, Nouvelles du Sud, Paris, 1994.

Cisse Y. T. et Wa Kamissoko,
La grande geste du Mali, Karthala, 1998.
Soundjata, la gloire du Mali, Karthala, 1991.

Cuoq J.,
Recueil des sources arabes concernant l'Afrique occidentale du VIIIe siècle au XVIe siècle, CNRS, Paris, 1975.

Diabate M. M.,
L'aigle et l'épervier, ou la geste de Soundiata, P. J. Oswald, Honfleur, 1975.

Delafosse M.,
Histoire de la lutte entre les empires de Sosso et du Mandé, manuscrit arabe anonyme, *Notes africaines*, Ifan, Dakar, juillet 1959.

Dieterlen G. et Cisse Y. T.,
Les Fondements de la société du Komo, Mouton et Compagnie, Paris, 1979.

Diop Majhmout,
Histoire des classes sociales dans l'Afrique de l'Ouest, le Mali, Maspero, Paris, 1972.

Jansen Jan,
L'épopée de Sunjara, CNWS, Université de Leyde, 1995.

Johnson W. J.,
The Epic of Sonjara, Bloomington, Indiana University Press, 1980.

Kesteloot L. et Dieng B.,
Les épopées d'Afrique noire, Karthala-UNESCO, Paris, 1997.

Ki Zerbo J.,
Histoire de l'Afrique noire d'hier à demain, Hatier, Paris, 1978.

Niane D. T.,
Soundiata, épopée mandingue, Présence Africaine, Paris, 1960.
Le Soudan occidental, Présence Africaine, Paris, 1968.

Cet ouvrage a été sélectionné
par le ministère de l'Éducation nationale.

Table des chapitres

Lilyan Kesteloot partage son temps entre le Sénégal, où elle est chercheur spécialisée dans l'étude des littératures d'Afrique noire, et la France, où elle enseigne la littérature africaine à la Sorbonne.

Elle est l'auteur de nombreuses traductions d'épopées et de contes africains. Son prochain ouvrage chez Casterman, *Chaka Zoulou, fils du ciel*, sort en avril 2010.

dès 10 ans

ÉPOPÉE & LÉGENDE

François Johan

LE CYCLE DES CHEVALIERS DE LA TABLE RONDE

LES ENCHANTEMENTS DE MERLIN

LANCELOT DU LAC

PERCEVAL LE GALLOIS

LA QUÊTE DU GRAAL

LA DESTINÉE DU ROI ARTHUR

illustrés par Nathaële Vogel

couvertures de Sibylle Delacroix

Pierre Dubois

ROBIN DES BOIS

illustré par Bruno Pilorget

Pascal Fauliot

L'ÉPOPÉE DU ROI SINGE

LES FILS DU SOLEIL

illustrés par Daniel Hénon

couvertures de Gianni de Conno

LE RAMAYANA

illustré par Philippe Munch

Homère

L'ILIADE

L'ODYSSÉE

traductions adaptées de Michel Voronoff

illustrés par Brunot Pilorget

couvertures de Gianni de Conno

LES AVENTURES DE SINDBAD LE MARIN

traduction adaptée de René R. Khawam

illustré par Jean-Michel Payet

couverture de Gianni de Conno

Virgile

L'ÉNÉIDE

traduction adaptée d'Annie Dubourdieu

illustré par Bruno Pilorget

Pierre-Marie Beaude

JÉSUS

illustré par Joëlle Jolivet

Lilyan Kesteloot

SOUNDIATA, L'ENFANT-LION

illustré par Joëlle Jolivet

couverture de Gianni de Conno

Carlo Collodi

PINOCCHIO

traduction de Jean-Paul Morel

illustré par Jean-Marc Rochette

Béatrice Bottet

RIFIFI SUR LE MONT OLYMPE

Sélection « 1000 jeunes lecteurs » 1996 UNCBPT

Prix littérature enfantine Martel 1996

Prix de Clermont-Ferrand 1997

Prix du Salon du livre pour enfants de Valenciennes 1997

FILLE DE LA TEMPÊTE (la légende d'Is)

illustré par Daniel Maja

couverture de Gianni de Conno

LE ROMAN DE RENART

mise en vers de Pierre Coran

illustré par Pascal Lemaître

couverture de Gianni de Conno

Anne Pouget

LES ÉNIGMES DU VAMPIRE

illustré par Daniel Hénon

couverture de Gianni de Conno

Beatrice Masini

HÉROÏNES DES LÉGENDES GRECQUES

traduction de Dominique Vittoz

illustré par Daniel Hénon

couverture de Gianni de Conno